Identificar el propósito del autor

Frases claves para **identificar el propósito del autor**:

El autor escribió este libro porque quería _____.
Lo sé porque _____.

informar	El lector aprende algo nuevo.
convencer	El autor quiere que el lector opine igual que él.
entretener	El lector se divierte.

Un autor escribe porque tiene algo que decir. Tiene un **propósito**. El propósito puede ser **informar**, **convencer** o **entretener**.

Nuestro Gobierno

Bienvenido a Washington D. C. ¡Bienvenido a la ciudad capital de Estados Unidos, el lugar donde reside el Gobierno! Aquí es donde trabaja y vive la gente del Gobierno de Estados Unidos.

ciudadanos

El Gobierno de Estados Unidos está formado por un grupo de **ciudadanos** que trabajan para el pueblo de Estados Unidos. Hay diferentes formas en las que el Gobierno de Estados Unidos ayuda al país y a su gente.

Los autos tienen que detenerse ante la señal de STOP. ¡Es la ley!

El Gobierno de Estados Unidos realiza diferentes tareas. Una de las más importantes es la de hacer **leyes**. Las leyes son reglas o normas que todo el mundo debe obedecer. Son como las reglas que hay en la escuela, por ejemplo: "no corras en el pasillo".
Las leyes son reglas para el país. Ayudan a las personas y las mantienen a salvo.

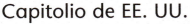

Capitolio de EE. UU.

Casa Blanca

Corte Suprema

Cada una de las ramas del Gobierno se encuentra en un lugar diferente de Washington D. C. ¡Vamos a visitarlas!

El Gobierno de Estados Unidos tiene tres partes. Llamamos a estas partes "ramas". Cada rama hace un trabajo diferente. Las ramas tienen que trabajar juntas. Hoy, vamos a visitar las sedes de las tres ramas del Gobierno de Estados Unidos. ¡Aprenderemos más sobre ellas!

El primer lugar que visitaremos es el Capitolio de Estados Unidos. Luego, daremos un largo paseo hasta la Casa Blanca. Por último, caminaremos por la avenida Pennsylvania y la avenida Constitution hasta la Corte Suprema.

¡EXTRA!

¿El Gobierno es un árbol?

A las tres partes del Gobierno de Estados Unidos las llamamos "ramas". Te puede ayudar pensar en las ramas de un árbol cuando pienses en el Gobierno de Estados Unidos. Las ramas ayudan al árbol a mantenerse fuerte. Las ramas del Gobierno de Estados Unidos lo ayudan a mantenerse fuerte.

rama judicial
Corte Suprema
jueces

rama legislativa
Capitolio de EE. UU.
Congreso

rama ejecutiva
Casa Blanca
presidente

> Los ciudadanos eligen a las personas que quieren trabajar en el Congreso.

¡EXTRA!

Cada estado tiene su propio capitolio. Algunos tienen una cúpula, como la del Capitolio de EE. UU.

cúpula

La rama legislativa

Este es el Capitolio de Estados Unidos. Aquí se encuentra la rama legislativa. Las personas que trabajan en la rama legislativa forman el Congreso. Ciudadanos de los cincuenta estados trabajan en el Congreso.

El Congreso trabaja en dos grandes salas, llamadas "cámaras".

Cámara de Representantes

Senado

Hay dos grupos en el Congreso. La **Cámara de Representantes** es un grupo. El **Senado** es el otro grupo. Deben trabajar juntos para hacer nuevas leyes para el país. El Congreso decide si el país necesita una nueva ley. Luego, el Congreso habla sobre la nueva ley. Los dos grupos del Congreso tienen que ponerse de acuerdo sobre la nueva ley.

¿De qué color está pintada la Casa Blanca?

La rama ejecutiva

Ahora estamos en la Casa Blanca. Aquí se encuentra la rama ejecutiva. El presidente de Estados Unidos es el líder de la rama ejecutiva. El presidente vive y trabaja en la Casa Blanca. El trabajo del presidente es firmar nuevas leyes y asegurarse de que la gente las obedezca.

Oficina Oval

¡La Casa Blanca está pintada de blanco!

El presidente de Estados Unidos trabaja en una gran oficina de la Casa Blanca llamada **Oficina Oval**. La llaman así porque tiene forma de huevo. El presidente se reúne con congresistas y líderes de otros países en la Oficina Oval. El presidente también firma leyes aquí.

13

Los jardines de la Casa Blanca

La Casa Blanca tiene muchos árboles y jardines hermosos. Desde el siglo XIX, todos los presidentes de Estados Unidos han plantado nuevos árboles o jardines. ¡Vamos a hacer un recorrido!

Jardín de Rosas
El Jardín de Rosas es un lugar donde ocurren muchos eventos y anuncios importantes. El jardín tiene algo más que rosas. ¡También tiene tulipanes y manzanos silvestres!

Jardín del Sur
Este jardín, donde ocurren muchos eventos importantes, tiene muchos arbustos y árboles verdes.

Huerta de la Cocina

Aquí se producen más de mil libras de alimentos cada año. ¡Algunos estudiantes ayudaron a la primera dama Michelle Obama a plantar cultivos! Algunos de los alimentos se utilizan en cenas especiales en la Casa Blanca y otros muchos se donan.

Fuente de la Casa Blanca

Alrededor de la fuente de la Casa Blanca crecen flores de colores.

¡La Casa Blanca tiene 132 habitaciones! ¡Esa es una casa GRANDE!

La Casa Blanca es también el hogar del presidente. Hay muchas habitaciones en la Casa Blanca que son solo para el presidente y su familia. La Casa Blanca tiene habitaciones para que la familia coma, se relaje y duerma. ¡Hay hasta una sala de cine!

Esta es la rama judicial.

La rama judicial

Este es el edificio de la Corte Suprema de Justicia. Aquí es donde se encuentra la rama judicial del Gobierno. Un pequeño grupo de jueces trabaja aquí. Estos jueces piensan en las leyes y explican a los demás lo que significa cada una.

A veces la gente no está de acuerdo con una ley. Piensan que es injusta. La gente va a los tribunales y habla con los jueces sobre la ley. Explican por qué creen que la ley es injusta.

SABELOTODO

Los jueces de la Corte Suprema se llaman magistrados. Las reuniones en las que los jueces escuchan a los ciudadanos, se llaman *audiencias*.

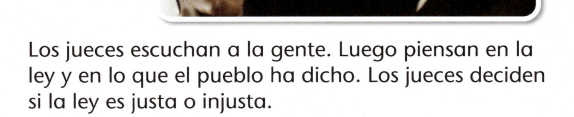

Los jueces escuchan a la gente. Luego piensan en la ley y en lo que el pueblo ha dicho. Los jueces deciden si la ley es justa o injusta.

Estudios Sociales

edificios del Gobierno

Los edificios del Gobierno

Ya sabemos que en estos edificios se hace un trabajo importante. ¡Aquí hay algunos datos que quizás no conozcas!

Uno de los pasillos del edificio del Capitolio de Estados Unidos se llama la "galería de los susurros". Por su forma, los sonidos producen mucho eco. Si te paras en el centro de la habitación, ¡las personas que están lejos pueden oírte susurrar!

20

La Casa Blanca fue construida con piedras grises y de color marrón. ¡Se necesitan 570 galones de pintura para que el edificio quede blanco!

En el último piso del edificio de la Corte Suprema, hay una cancha de baloncesto. Algunos la llaman "la cancha más alta del país".

Nuestro recorrido ha terminado, pero puedes regresar a Washington D. C. para visitar el Gobierno de EE. UU. cuando lo desees. Cada año, millones de personas visitan Washington D. C. Personas de todo el país visitan el Capitolio de Estados Unidos, la Casa Blanca y la Corte Suprema.

Todos los visitantes de la capital de la nación quieren aprender sobre el Gobierno de Estados Unidos. Quieren saber cómo funciona el Gobierno.

A veces pueden reunirse con personas del Congreso y hasta con el presidente. Visitar Washington D. C. nos sirve para entender que el Gobierno de Estados Unidos es para todo el pueblo.

Cómo se hacen las leyes

Cualquiera puede tener una idea para una nueva ley, ¡hasta un niño!

El primer paso es escribir un documento llamado proyecto de ley.

Un representante o senador lleva el proyecto de ley al Congreso.

El Congreso vota el proyecto de ley. Si votan "sí", el proyecto de ley pasa al presidente.

El presidente lee el proyecto de ley.

El presidente lo firma, y se convierte en ley.

El presidente veta, o no aprueba el proyecto de ley.

El proyecto de ley regresa al Congreso. Si hay suficientes votos a su favor, el proyecto puede convertirse en ley.

Cámara de Representantes grupo de personas del Congreso que trabajan haciendo leyes

ciudadanos las personas que pertenecen a un país

cúpula techo grande y redondeado

leyes reglas hechas por el Gobierno

Oficina Oval lugar donde trabaja el presidente de EE. UU.

Senado grupo de personas del Congreso que trabajan haciendo leyes

Every effort has been made to trace the copyright holders of the works published herein. If proper copyright acknowledgment has not been made, please contact the publisher and we will correct the information in future printings.

Photography and Art Credits

All images © by Vista Higher Learning unless otherwise noted.

Cover: (t) Sagittarius Pro/Shutterstock; (m) Orhan Cam/Shutterstock; (b) Brandon Bourdages/123RF.

4: F11photo/Shutterstock; **5:** (t) Paul Morse/The White House; b) Mark Reinstein/Shutterstock; **6:** Andersen Ross Photography Inc/Getty Images; **7:** (t) Chones/Shutterstock; (mt) Orhan Cam/Shutterstock; (mb) Sagittarius Pro/Shutterstock; (b) Brandon Bourdages/123RF; **10:** (t) ItzaVU/Shutterstock; (b) Leonid Andronov/Shutterstock; **11:** Redpixel.PL/Shutterstock; Mark Reinstein/Shutterstock; **12:** Andrea Izzotti/123RF; Courtesy of the Library of Congress; **13:** Thomas Baker/Alamy; (t) Courtesy of the National Archives and Records Administration; (m) Courtesy of the National Archives and Records Administration; (b) Paul Morse/The White House; **14-15:** EFKS/Shutterstock; Melissa Held/Shutterstock; **14:** (t) Courtesy of the National Archives and Records Administration; (b) Gregobagel/Getty Images; **15:** (t) Courtesy of the National Archives and Records Administration; (b) White House Photo/Alamy; **16:** Courtesy of the National Archives and Records Administration; Glowimages/Getty Images; **17:** Dlewis33/Getty Images; Sean Pavone/Shutterstock; **18:** (t) Stockbyte/Getty Images; (b) Sirtravelalot/Shutterstock; **19:** Stillfx/Shutterstock; (t) Burlingham/Shutterstock; (b) Sirtravelalot/Shutterstock; **20-21:** Pichet Ninvanit/Shutterstock; **20:** Artem Avetisyan/Shutterstock; **21:** (t) Lux Blue/Shutterstock; (b) Taka1022/Shutterstock; **22:** (t) AevanStock/Shutterstock; (b) Al Teich/Shutterstock; **23:** Eduardo Herzog/Shutterstock; **24:** Melissa Held/Shutterstock; Eli Wilson/Shutterstock; **26:** (tl) Leonid Andronov/Shutterstock; (tr) Andersen Ross Photography Inc/Getty Images; (mr) Courtesy of the National Archives and Records Administration; (bl) Mark Reinstein/Shutterstock; ; **Master Art:** Rawf8/Alamy.

© 2025, Vista Higher Learning, Inc.
500 Boylston Street, 10th Floor
Boston, MA 02116-3736
www.vistahigherlearning.com
www.loqueleo.com/us

Dirección Creativa: José A. Blanco
Vicedirector Ejecutivo y Gerente General, K–12: Vincent Grosso
Editora Ejecutiva: Julie McCool
Desarrollo Editorial: Salwa Lacayo, Lisset López, Isabel C. Mendoza
Diseño: Radoslav Mateev, Gabriel Noreña, Andrés Vanegas, Manuela Zapata
Coordinación del proyecto: Karys Acosta, Andrea Cubides, Tiffany Kayes
Derechos: Jorgensen Fernandez, Annie Pickert Fuller, Kristine Janssens
Producción: Thomas Casallas, Oscar Díez, Sebastián Díez, Andrés Escobar, Adriana Jaramillo, Daniel Lopera, Daniela Peláez, Daniel Tobón

Nuestro Gobierno
ISBN: 978-1-66994-000-5

Todos los derechos reservados. Esta publicación no puede ser reproducida, ni en todo ni en parte, ni registrada en o transmitida por un sistema de recuperación de información, en ninguna forma ni por ningún medio, sea mecánico, fotoquímico, electrónico, magnético, electroóptico, por fotocopia o cualquier otro, sin el permiso previo, por escrito, de la editorial.

Published in the United States of America

1 2 3 4 5 6 7 8 9 GP 30 29 28 27 26 25